먹거리로 본 기후 변화

식량이 문제야!

지은이 이지유

서울대학교에서 지구과학교육과 천문학을 공부했다. 어린이와 청소년이 과학책을 읽으며 발견의 기쁨을 느낄 수 있도록 신나게 글을 쓰고 그림을 그린다. 외국의 좋은 과학책을 우리말로 옮기기도 한다. '별똥별 아줌마가 들려주는 과학 이야기' 시리즈, '이지유의 이지 사이언스' 시리즈, 《기후 변화 쫌 아는 10대》《처음 읽는 우주의 역사》《내 이름은 파리지옥》《나의 과학자들》 등을 지었고, 《이상한 자연사 박물관》《꿀벌 아피스의 놀라운 35일》 등을 우리말로 옮겼다.

먹거리로 본 기후 변화

식량이 문제야!

이지유 지음

위즈덤하우스

▲▲▲ 들어가는 글

기후 변화, 나와 상관없는 일일까요?

기후 변화에 대해 강연할 때였어요. 한 어린이가 질문을 했습니다.

"기후 변화로 지구가 더워지면 좀 참고 살면 되지 않나요? 저기 사막에 가면 여기보다 더 덥잖아요. 기후 변화가 왜 문제인지 모르겠어요."

저는 이 질문을 받고 역시 어린이는 대단하다고 생각했어요. 기후 변화가 인류에게 가져다 줄 핵심 문제가 무엇이냐고 묻는 것이었으니까요.

기후 변화가 지속되어 생기는 가장 큰 문제는 식량 부족이에요.

슈퍼마켓에 가면 생수, 라면, 쌀, 고기, 과일이 산처럼 쌓여 있는데, 그게 무슨 말이냐고요? 그 말도 맞아요. 현재 우리나라에는 기후 변화로 인한 식량 문제가 아직 없는 것처럼 보여요. 지구의 규모에서 천천히 일어나는 일은 곧 위기가 올 것이라 경고하지만, 우리 일상은 아무런 문제없이 잘 돌아가고 있어요. 그래서 기후 변화로 인한 위기를 더더욱 실감하기 어렵지요.

 그런데 말이에요, 어느 날 슈퍼마켓에 갔는데 쌀값이 어른들 한 달 월급에 맞먹는다면 어떨까요? 전기 요금과 상수도 요금이 지금보다 다섯 배쯤 오른다면 어떨까요? 아무리 돈이 많아도 과일과 빵을 살 수 없다면요? 설마 그런 일이 있겠냐고 코웃음 칠 지도 몰라요. 하지만 기온이 지금 추세로 계속 오른다면 머지않아 벌어질 일이에요.
 무엇보다 중요한 것은 인간이 먹는 먹거리 역시 생물이라는 점이에요. 인간처럼 깨끗한 물, 공기, 햇빛, 살 공간이 필요해요. 기온이 오르면 식물, 동물, 인간이 모두 위기에 처하지요. 인간은 다른 생물을 먹어야 살 수 있는 종속 영양 생물이에요. 생물들이 달라지는 기후에 적응하지 못하면 결국 인간도 살아남을 수 없어요.
 자, 그럼 인간을 살아 있도록 도와주는 옥수수, 감자, 사과, 벌, 소, 생선이 기후 변화 때문에 어떤 일을 겪는지 알아볼까요? 참, 이들에게 감사하는 마음을 가지는 것도 잊지 말아요. 지구에 살고 있는 생물은 모두 중요한 존재들이니까요.

이지유

▲▲▲ 차례

들어가는 말 ▬▬▬▶ 4

옥수수가 문제야! ▬▬▬▶ 8

감자가 문제야! ▬▬▬▶ 16

사과가 문제야! ▬▬▬▶ 28

벌이 문제야! ▬▬▬▶ 38

소가 문제야! ━━━━▶ 44

생선이 문제야! ━━━━▶ 52

미래가 문제야! ━━━━▶ 60

기후 변화 **사전** ▶ 70

기후 변화 **Q&A** ▶ 74

팝콘 좋아하니?
고소한 냄새가 일품인 팝콘 말이야.
팝콘 먹으러 영화관에 간다는 사람도 있어.
팝콘 냄새에 이끌려 영화관에 오는 사람도 있고.
버터를 발라 구운 옥수수는 또 어떻고?
고속도로 휴게소에서 파는 버터구이 옥수수는 정말 맛있어.
그냥 옥수수 뻥튀기도 얼마나 맛있다고.
하나하나 집어 먹다 보면 한 봉지가 쥐도 새도 모르게 사라지고 말지.
정말 옥수수가 없으면 인간은 어떻게 살까?

뭐? 넌 옥수수를 하나도 안 먹었다고?
흠, 정말 그럴까?
옥수수는 삶거나 튀기거나 버터에 구워 먹을 수도 있지만,
우리가 모르는 사이에 먹기도 해.
예를 들어 볼게.
슈퍼마켓에서 파는 거의 모든 가공식품에는
옥수수에서 뽑은 당이 들어 있어.
과자, 조미료, 통조림, 햄, 주스, 식초, 요구르트, 빵에 이르기까지
'고과당 옥수수 시럽'이 안 들어간 게 없어.

옥수수에서 얻은 당을 많이 사용하는 이유가 뭘까?
우선 이 당은 깔끔하고 순수한 단맛을 가지고 있어.
그래서 어디에 넣어도 다른 맛을 해치지 않고 단맛을 강하게 내지.
하지만 말이야, 옥수수값이 비싸면 사람들이 이걸 쓸까?
아마 쓰지 않을 거야.
사람들이 옥수수로 만든 당을 쓰는 이유는 설탕보다 값이 싸서야.
왜 싸냐고? 옥수수를 많이 재배하기 때문이지.

**지구 상에는 사람 사는 땅보다
옥수수가 자라는 땅이 훨씬 넓어.**

설마, 지구는 옥수수가 지배해?

어떤 사람들은 옥수수로 자동차 연료를 만들기도 해.
땅에서 퍼내는 석유가 곧 바닥날 수도 있고,
석유를 태우면 이산화 탄소가 나와 공기를 오염시키기 때문에
옥수수로 연료를 만드는 거지.

붕~ 옥수수 연료로 나간다!

그런데 옥수수를 심으려고 나무를 베고 숲을 없애는 일은 옳은 걸까?

그런 것 같지 않아.

옥수수도 물론 나무와 같이 광합성을 해.
공기 중에 있는 이산화 탄소를 흡수해서 당을 만들지.
그런데 나무와 다른 생물들이 함께 어우러져 살 때는
땅에 미생물이 있어서 흙이 건강해.
생태계가 살아 숨 쉬는 거지.

우리가 있어야 흙이 건강해.

미생물

농약

반면 옥수수만 키우면 농약을 쳐서
곤충과 미생물이 죽기 때문에 땅이 건강하질 못해.
그래서 주기적으로 비료를 주고 땅이 살아나도록
인간이 애를 써야 해.
그래도 땅은 힘이 없어져.

꼴까닥!

우리 곤충도 죽어!

비실비실

땅도 시들시들

나쁜 소식이 있어.
아무리 인간이 옥수수밭에 비료를 뿌려도

10년 후엔 옥수수의 사 분의 일이 사라질 거야.

너무 더워서 옥수수를 재배할 수 없는 곳이 생기기 때문이야.

그럼 무슨 일이 일어날지 상상해 봐.
옥수수 수확량이 줄면 옥수수값이 올라.
가난한 나라는 옥수수를 수입할 수 없겠지.
옥수수를 주요 식량으로 삼는 사람들은
굶을 수밖에 없어.
옥수수를 이용해 만들던 당의 값도 오르겠지?
과자, 라면, 주스 등 모든 가공식품 가격이 오를 거야.
그럼 가난한 사람들은 식품을 마음껏 살 수 없어.

**더 나쁜 소식은 지구가 더 더워지면 20년 후,
30년 후엔 옥수수 수확량이 더 줄어든다는 점이야.**

세계엔 굶는 사람이 점점 많아질 거야.
영양 상태가 좋지 못하면 병에 걸리는 사람이 많아져.
아이를 낳아도 먹일 것이 없어.
먹지 못하면 건강하게 오래 살 수 없어.
정말 큰일이야.

 지구

30년 후

지구에 먹을 게 없어서 떠난다.

그런데, 옥수수만 그럴까?

우리는 알게 모르게 감자를 많이 먹어. 감자 국수
통째로 삶아 먹기도 하고,
굵게 썰어 튀겨 햄버거와 함께 먹기도 하고,
얇게 썰어 튀겨 감자칩으로 먹기도 하지.
녹말을 뽑아 밀가루에 섞어 국수를 만들거나
튀김옷을 만들 때도 써. 그뿐이겠어?
떡, 부침개, 조림, 감자탕 등
하루도 감자를 먹지 않는 날이 없어.
돼지, 소 같은 가축도 감자를 먹어.

감자가 없다면 먹는 재미가 뚝 떨어질 거야.
감자튀김 없는 햄버거는 상상도 할 수 없어!
그런데 이 감자를 못 먹을 수도 있어.

감자칩

감자튀김

감자전

우리나라에서 감자가 가장 많이 나는 곳은
강원도 산간 지대야.
산기슭에서 많이 난다, 그런 뜻이야.
감자가 강원도에서 많이 나는 이유는,
감자가 서늘한 곳을 좋아하기 때문이야.
그럼 감자는 왜 서늘한 곳을 좋아하는 걸까?

서늘하고
딱 좋아!

그건 감자의 고향이 남아메리카 안데스산맥이라서야.
지금도 이곳에선 2500종이 넘는 감자가 나와.
그래서 페루나 볼리비아의 시장에 가면
형형색색 감자를 볼 수 있지.

감자는 14~23도일 때 잘 자라고
낮 온도가 23~24도, 밤 온도가 10~14도일 때
땅속에서 알이 굵어져.
보통 감자는 여름이 오기 직전에 수확해서 먹어.
뭐? 여름에도 감자가 나온다고?
그래 맞아. 그건 어찌된 일일까?
아, 높은 곳에서 기른 거라고.
맞아, 맞아.
그래서 우리나라에선 강원도 고랭지 감자가 유명한 거야.
고랭지, 높고 시원한 곳이라는 뜻이지.

고랭지 최고 기온!
이 이상 올라가지 않아!

24도

고랭지 감자

高 冷 地
높을 고   찰 랭(냉)   땅 지

사실 감자는 집에서도 수확할 수 있어. 감자를 잘 보면 작은 싹이 군데군데 있는데, 이걸 눈이라고 해. 감자를 두 번 잘라 눈이 위로 오게 심어 봐. 텃밭이 없다면 조금 큰 화분에 심어도 돼.

그냥 기다리면 싹이 나. 흙이 살짝 젖을 정도로 물을 주는 건 좋아. 하지만 물을 너무 많이 주면 흙 속에서 감자가 물러. 감자가 무르면 싹이 나지 않아.

싹은 줄기가 되어 쑥쑥 자라. 그러다 줄기에서 꽃을 피워. 땅속에선 줄기가 양분을 저장해 굵어져. 이게 바로 감자야!

심은 지 100일 정도 지나면 감자를 캘 수 있어. 물론 햇빛을 잘 받아야 하고 너무 더우면 안 돼. 감자가 서늘한 곳을 좋아한다는 것 기억하지?

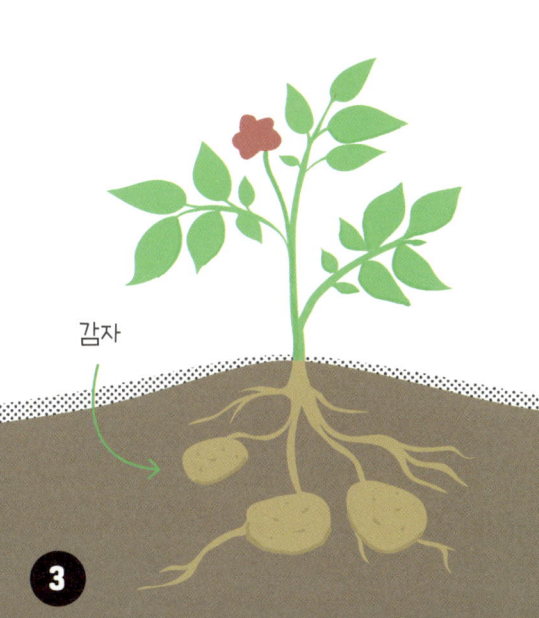

감자는 기르기 쉽고 여름이 오기 전에 수확할 수 있어서
옛날부터 아주 중요한 식량이었어.
우리나라는 쌀을 많이 먹는데, 쌀은 가을이 되어야 수확하고,
겨우내 수확한 쌀을 먹고 봄 무렵이 되면 쌀이 떨어져.
그럴 때 감자를 먹을 수 있는 거지.
요즘은 쌀이 부족하지 않지만, 옛날에는 그랬어.
그런데 이 감자를 못 먹을 수도 있어.

왜? 왜?

감자를 못 먹는다고?

답을 찾기 위해 감자의 고향으로 가 볼까.
안데스산맥은 3000미터가 넘는 아주 높은 산들로 이루어져 있어.
페루, 볼리비아, 칠레 등의 나라에 걸쳐 있지.
여기 고산 지대는 시원해서 감자가 자라기에 딱 좋아.

그런데 여기에서 더 이상 감자가 나질 않아.
얼마 전부터 대대로 내려오는 밭에 아무리 감자를 심어도
꽃이 피질 않고 땅속에서 감자알이 굵어지질 않지 뭐야.
그래서 농부들은 조금 더 높은 곳에 밭을 갈고 감자를 심었어.

감자밭이 점점 산꼭대기로 올라가고 있어.
왜 그럴까?

지구의 기온이 올라갔기 때문이지.

우리나라에서도 감자밭은 더 높은 곳으로 옮겨 가고 있어.
그런데 아무리 강원도라고 해도
1000미터가 넘는 산이 많지 않아.
그렇게 높은 곳에 밭도 없고 말이야.
산이 높을수록 토양도 좋지 않아.
대부분 암석에 양분이 하나도 없는 땅이야.
흙을 가져와서 산꼭대기에 부으면 모를까,
감자밭을 만들기 쉽지 않아.

감자를 팔아 버는 돈보다
밭을 일구는 데 드는 돈이
더 많으면,
농부들은 감자 농사를 짓지 않을 거야.

그럼 우리는 감자를 먹을 수 없어.

그런데, 감자만 그럴까?

사과가 문제야!

안녕.
그래 너 말이야, 지금 사과 먹고 있는 너.
사과를 좋아하는구나!

사과는 우리나라 사람이 가장 좋아하고 가장 많이 먹는 과일이야.
그건 우리나라에서 사과가 많이 나오기 때문일 거야.
사과가 자라기 좋은 곳이라는 뜻이지.

그런데 말이야,

지금 네가 먹고 있는 사과가 어디에서 난 것인지 알아?
100년 후엔 우리나라에서
사과가 나지 않을 수도 있다는 사실은 알아?

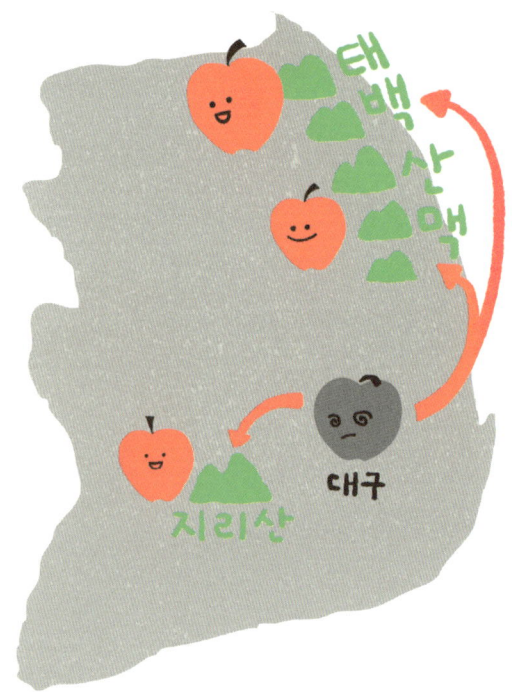

네가 지금 먹고 있는 사과는
조금 높은 산지 과수원에서 재배한 사과야.
주로 강원도와 충청북도에 걸친 태백산맥과
지리산 근처에 있는 과수원에서 재배한 것이지.
그런데 20년 전만 해도 사과는 이런 곳에서 나지 않았어.
사과는 경상북도 대구 근처에서 많이 나서,
'사과' 하면 대구를 떠올리곤 했지.
하지만 이제 대구에서는 사과를 재배하지 않아.
왜일까?
너무 더워서 사과나무가 잘 자라지 않거든.
너무 더우면 광합성 능력이 떨어지기 때문이야.

식물은 광합성을 해서 당분을 만들고 열매에 저장해.
그 덕분에 우리는 달콤한 과일을 먹을 수 있지.
광합성이란 식물이 햇빛, 이산화 탄소, 물을 이용해
당분을 만들고 산소를 내뿜는 과정이야.
잎이나 줄기에 있는 엽록체에서 광합성을 해.
엽록체는 광합성을 하는 공장과 같아.
이 공장이 잘 돌아가려면 온도가 적당해야 해.

나무가 광합성을 잘 못 하면 병에 걸려.
나무도 병에 걸리냐고? 물론이지.
곰팡이가 피기도 하고 바이러스에 감염되기도 해.
곤충이 나무껍질 아래에 알을 낳아도 당할 수밖에 없어.
곤충이 싫어하는 향을 내뿜지 못하니까.
알을 까고 나온 애벌레는 나무의 물과 양분을 가로채.
그래서 나무는 말라 죽고 말아. 그럼 열매도 맺을 수 없어.

사과도 나무 열매야.
사과나무에 사과가 달렸을 때 20~25도면
나뭇잎이 광합성을 잘해서 당분을 많이 만들어.
하지만 30도가 넘으면 나뭇잎은 숨 쉬기 바빠.
당분을 많이 만들지 못해.
그래서 사과알이 작고 맛이 없어.

과학자와 농부는 사과나무를 좀 더 시원한 곳에 심기로 했어.
남쪽보다 시원한 북쪽으로 과수원을 옮겼어.
산 아래쪽보다 시원한 높은 곳으로 과수원을 옮겼어.
물론 대구에 살던 나무를 그대로 옮긴 것은 아니고,
튼튼한 사과나무의 가지를 잘라 옮겨 심었어.
새로운 사과나무를 만들어 심기도 했고 말이야.

나를 시원한 데로 옮겨서 달콤하게 해 달란 말이다!

기온이 더 오르면 지금보다 더 높은 곳에 심어야 해.
그런데 말이야, 높이 올라가는 데도 한계가 있어.
산이 한없이 높지는 않잖아.

**과학자들의 연구에 따르면
100년쯤 후에는 우리나라에서
사과나무를 볼 수 없다고 해.**

사과나무는 좀 더 추운 북한으로 가야 살 수 있어.
하지만 북한이라고 안전하지 않아.
온도가 계속 오르면 북한에서도 사과나무가 살 수 없을 거야.
그러다 결국 지구 상에서 사라지고 말겠지.
너희 손자들은 사과를 못 먹을 수도 있어.
기온이 계속 올라간다면 말이야.

얘들아, 잘 있어~.

〈곰돌이 푸〉라는 만화 본 적 있니?

아, 그림책에서 봤다고?

그럼 푸가 어떤 음식을 가장 좋아하는지 알겠네.

맞아, 바로 벌꿀이야.

푸가 벌꿀을 얼마나 좋아하는지

꿀단지에 머리를 넣고 꿀을 먹는 걸 보면 알 수 있어.

그런데 혹시 너도 꿀을 좋아하니?

물에 타서 먹거나, 떡을 구워서 찍어 먹어 봐.

얼마나 맛있다고.

**그런데 지금처럼 기온이 계속 오르면
꿀을 먹을 수 없을지도 몰라.
꿀을 모으는 벌이 너무 더워서
일을 못 하기 때문이야.**

인간도 너무 더우면 일을 못 하는 것과 같아.

우리가 먹는 벌꿀의 대부분은

누군가 벌집에서 기른 벌이 만든 거야.

이렇게 벌을 기르는 걸 양봉이라고 해.

벌을 기르는 사람들은 나무로 벌집을 지어.
그러면 여왕벌이 와서 자리를 잡고 알을 낳아.
알에서 나온 애벌레는 곧 일벌이 돼.
일벌은 태어나서 한동안 또 다른 알을 돌봐.
알 돌보기를 며칠 한 뒤 꽃꿀 말리기를 해.
그런 다음 문지기 일을 하지.
이렇게 벌집에서 경험을 쌓은 지 한 달쯤 지나야
비로소 집 밖으로 나갈 수 있어.
그리고 훨훨 날아 꽃을 찾아가지.

좋은 집을 찾았다!

벌이 꽃을 찾는 이유는 간단해.
꽃 안쪽 깊숙한 곳에 아주 맛있는 꽃꿀이 있기 때문이야.

**벌은 위가 가득 찰 때까지 꽃꿀을 빨아 먹어.
그리고 집에 돌아가서 다시 게워 내.
그럼 동생 일벌들이 열심히 꽃꿀을 말려서
걸쭉하게 만들지. 그것이 바로 벌꿀이야.**

그런데 꽃은 아무런 대가 없이
꽃꿀을 줄까?

수술에 있는 꽃가루

암술에 묻은 꽃가루

**꽃은 벌에게 아주 중요한 일을 시켜.
수술에 붙어 있는 꽃가루를 옮기는 일이야.**

벌이 꽃 속에 있는 꽃꿀을 빨아 먹으려면 암술 위에 앉아야 해.

꽃은 대부분 벌이 수술을 거쳐 암술에 앉도록 생겼어.

벌은 이 꽃 저 꽃을 옮겨 다니며 수술을 건드리고,

거기서 얻은 꽃가루를 뒤집어썼어.

꽃꿀을 빨려고 앉는 순간 그 꽃가루가 다른 암술에 묻는 거지.

**이렇게 수술의 꽃가루가 암술에 묻어야
씨와 열매가 생겨.
식물과 벌은 서로 필요한 걸 주고받는 거야.**

그런데 혹시 그거 알고 있니?
벌은 꽃가루를 많이 묻히려고
온몸이 가는 털로 덮여 있고, 눈에도 털이 있다는 사실을.
겹눈이라 작은 눈이 다닥다닥 붙어 있는데,
그 사이사이에 털이 있는 거야.
정말 놀랍지?

**만약 기온이 더 올라서 벌이 일을 하지 못하면
꽃가루를 옮겨 주지 못할 거야.**
그럼 꽃 핀 식물이 열매를 맺지 못해.

우리가 즐겨 먹는 과일과 곡식은 대부분 벌의 도움으로 자라.
벌이 꽃가루를 이리저리 날라야 식량이 생기는 거지.
어때, 꿀 못 먹는 건 일도 아니지?

벌이 없으면
우린 굶을 수밖에 없어.
그런데 큰일이야.

벌의 수가
줄고 있어.
아, 어쩌나!

너무 더워!

그런데, 벌만 그럴까?

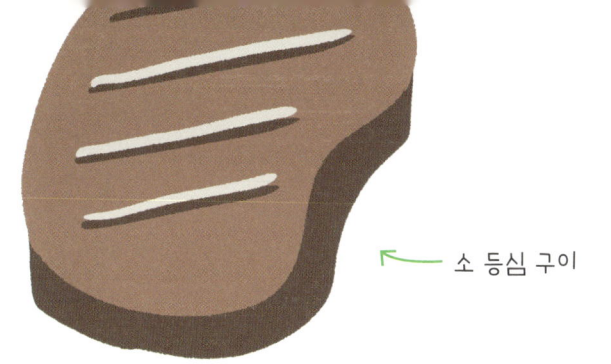
소 등심 구이

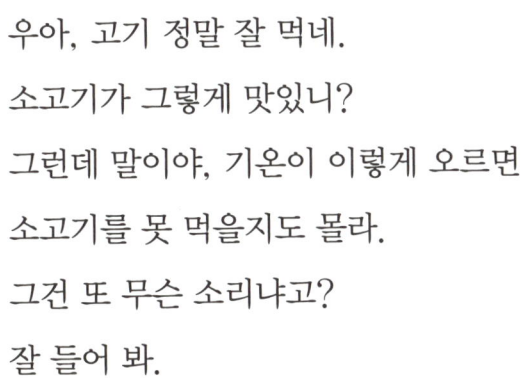
햄

소시지

우아, 고기 정말 잘 먹네.
소고기가 그렇게 맛있니?
그런데 말이야, 기온이 이렇게 오르면
소고기를 못 먹을지도 몰라.
그건 또 무슨 소리냐고?
잘 들어 봐.

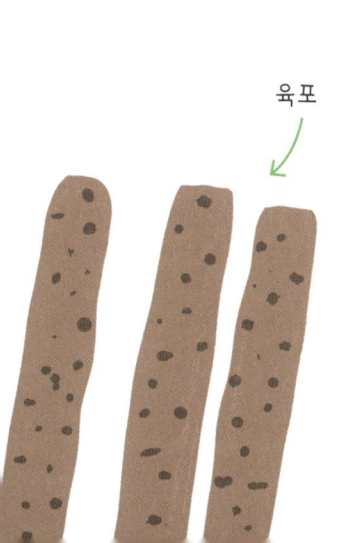
육포

햄버거 패티

전 세계엔 소가 15억 마리쯤 있어.
소 한 마리는 500킬로그램쯤 나가서 무게로 치면
지구에 사는 사람보다 많이 나가. 엄청나지?

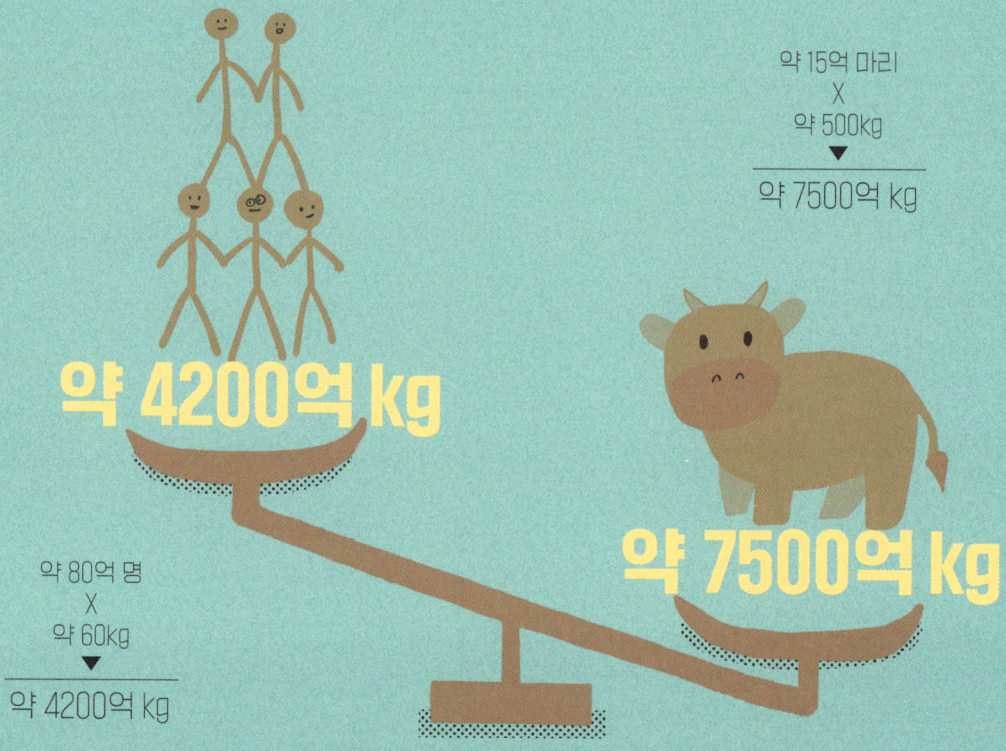

소는 풀을 먹고 사는 초식 동물이야.
풀은 소화하기 쉽지 않기 때문에 아주 잘 씹어야 해.
씹힌 풀은 네 개의 위를 거치는 사이
미생물에 의해 분해돼.
그 과정에서 어마어마한 가스가 나와.
소는 트림쟁이 방귀쟁이야.
이 트림과 방귀에 기온을 높이는 메테인이 있어.

소는 정말 많이 먹어.
그래야 몸집을 불릴 수 있으니까.
초식 동물은 몸집이 커야 육식 동물에게 잡아먹히지 않아.
그래서 소, 코끼리, 코뿔소, 하마 같은 초식 동물은 하루 종일 먹어.
소를 풀어서 키우는 것을 방목이라고 하는데,
안타깝게도 지구에는 15억 마리의 소가 풀을 뜯을 넓은 초원이 없어.

게다가 풀만 먹어서는 빨리 클 수 없어.
그래서 사람들은 목장 옆에 넓은 콩밭, 옥수수밭을 만들었어.
거기서 수확한 콩과 옥수수를 사료로 만들어 소에게 주려는 거지.
이렇게 하면 소는 풀만 먹을 때보다 빨리 크고, 넓은 초원도 필요 없어.
그리고 소가 많이 움직이면 살이 빠지고 고기가 질겨서,
좁은 공간에 모아서 길렀어.
그렇게 공장식 사육이 시작된 거야.

소에게 먹일 콩과 옥수수는 어디에서 기를까?
사람들은 콩밭, 옥수수밭을 만들려고 숲을 태워.
광합성을 할 아름드리나무는 모두 재가 되고 말아.
콩과 옥수수는 재를 양분 삼아 무럭무럭 자라.
그런데 삼사 년 농사를 지으면 이 땅의 양분은 모두 사라져.
콩과 옥수수가 땅속 양분을 모두 빨아들였기 때문이지.

우리가 먹는 소고기에는 숲이 포함된 셈이야.

문제는 또 있어.

**소가 먹어 치우는 콩과 옥수수의 양이
사람이 먹는 양보다 훨씬 많아.**

소를 좀 덜 키우면, 소에게 먹일 콩과 옥수수가 남겠지?
그럼 많은 사람이 그 콩과 옥수수를 먹을 수 있어.
지구에는 콩과 옥수수가 부족한 곳이 있는데,
그곳에 사는 사람들이 콩과 옥수수를 살 수 있는 거야.
그 사람들은 콩과 옥수수 살 돈은 있어도 소고기 살 돈은 없어.
소고기가 비싸니까.

**그러니 소고기를 먹는 것은
가난한 사람들이 먹을 식량을 빼앗는 셈이지.**

사람은 왜 15억 마리나 되는 소를 키울까?
개나 고양이처럼 반려동물로 삼으려는 걸까?
아니야. 사람은 오로지 먹으려고 소를 키워.
더 많은 고기 소를 키우려고 숲을 태워 밭을 갈고,
콩과 옥수수로 만든 사료를 먹이지.

**이렇게 숲의 면적이 줄면
기온이 지금처럼 빠르게 오르고,
기온이 오르면 콩과 옥수수가 적게 나올 거야.
그럼 소를 키우고 싶어도 키울 수 없어.**

결국 소고기를 먹을 수 없는 날이 와.
!!!!!!!!

그런데, 소고기만 그럴까?

생선이 문제야!

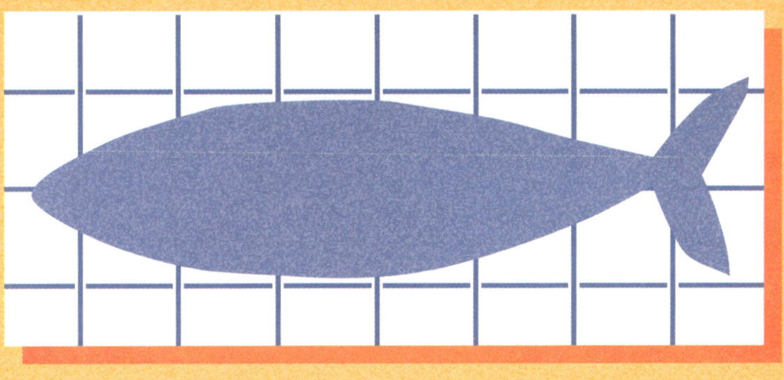

↙ 고등어조림

↙ 갈치구이

↗ 바지락 칼국수

고등어조림, 갈치구이,
정말 맛있는 반찬이야.
맥반석 오징어 구이는 어때?
꼬막 무침, 바지락 칼국수,
우아, 진짜 군침이 돈다.
연어가 들어간 샐러드는 또 어떻고?
뭐? 참치회를 좋아한다고?

바다에서 나는 먹거리가 없다면 우리는 어떻게 살까?
참치회 좋아하는 너, 잘 들어 봐.

**참치를 먹으려면 북극이 추워서
얼음이 많이 얼어야 해.
아니, 참치는 남태평양에서 잡는데
북극이랑 무슨 상관이냐고?**

상관이 있어.

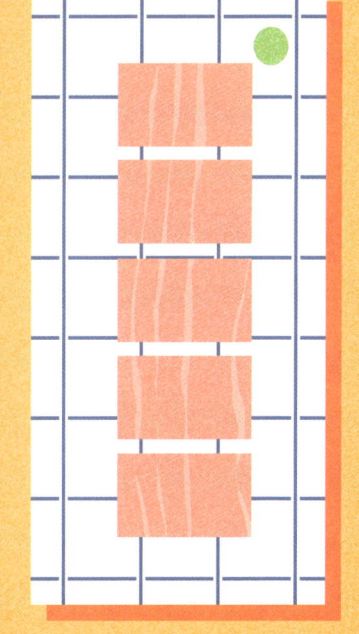
↙ 참치회

53

바다에는 흐름이 있어. 그 흐름을 잘 타면
물고기들은 헤엄치지 않아도 먼 길을 갈 수 있어.
이런 흐름을 해류라고 하는데,

**해류는 바다 생물이 살아가는 데
아주 중요한 역할을 해.
영양분을 나르고 바다에 넘치는 에너지를
부족한 곳으로 옮겨 주지.**

대양 열염 순환

해류 중 가장 중요한 것은
대양 열염 순환이야. 북극에서 대서양,
인도양, 태평양을 두루 돌아 수천 년 만에
북극으로 다시 돌아오는 것을 말해.
지구의 바다를 크게 한번 뒤섞는
아주 거대한 흐름이야.

북극 바다가 얼 때 물만 얼고 소금은 바다에 남아.
그래서 북극의 바다는 남쪽 바다보다 짜.
짜고 찬물은 무거워서 가라앉아.
가라앉은 물은 남쪽으로 내려가고,
인도양이나 태평양에 도착하면 표면으로 올라와.
그리고 다시 북극으로 돌아가지.

**만약 북극이 춥지 않으면
얼음이 얼지 않고 해류는 흐르지 않아.
해류가 흐르지 않으면 바다에 영양분이
골고루 퍼지지 않아.**

우리 몸에 피가 돌지 않으면 영양분이 온몸에
고루 퍼지지 않는 것처럼 말이야.

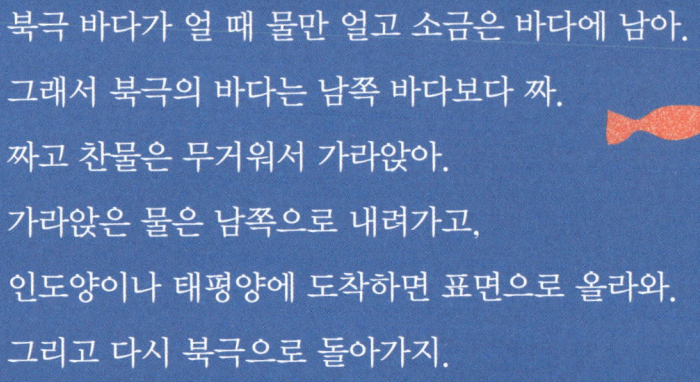

크고 중요한 해류가 멈추면 바다의 온도가 달라져.

온도가 달라지면 그곳에서 잘 자라던 식물성 플랑크톤이 생기질 않아.

식물성 플랑크톤이 생기지 않으면 그것을 먹는 동물성 플랑크톤이 굶어.

동물성 플랑크톤 중에는 자라서 물고기가 될 것도 있어.

그래서 멸치 같은 작은 물고기의 수가 줄어.

작은 물고기가 없으면 그것을 잡아먹는

청어 같은 물고기의 수가 줄겠지?

청어나 전갱이 같은 중간 크기의 물고기들은
어마어마하게 큰 무리를 지어 이동해.
이들은 해류를 타고 위치를 바꾸곤 하는데
참치처럼 덩치 큰 물고기는 이를 기다리고 있다가 잡아먹어.
또 어디에 물고기 떼가 있는지 알고 찾아가기도 하지.

**먹고 먹히는 관계가 매끄럽게 이어지려면
해류가 살아 있어야 해.
북극이 추워야 남태평양의 참치가
잘 살 수 있는 거야.**

빙하가 점점 작아져!

안타깝게도 북극이 예전처럼 춥지 않아.

북극의 얼음이 녹아서 북극 바다는 예전처럼 짜지 않아. 그래서 대양 열염 순환의 속도가 매우 느려졌어. 해류가 느려지고 바다 생태계에 문제가 생기고 있다는 말이야.

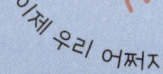

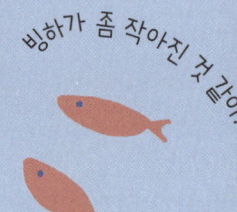

이제 우리 어쩌지.

게다가 사람들이 바다에 사는 생물을 싹쓸이하는 바람에 바다의 생태계는 더욱 위태로워.

플랑크톤이 건강식품으로 알려져 사람들이 마구 잡는 바람에 청어가 굶어 죽고, 청어가 없으니 그보다 큰 물고기도 덩달아 굶어 죽어.
인간은 잡지 않아도 될 물고기까지 잡은 뒤 필요 없는 것은 그냥 바다에 버리기도 해.
이렇게 생태계가 깨지면 바다가 되살아나는 데 아주 오랜 시간이 걸려.

이산화 탄소

지구가 뜨거워져서 생기는 문제가 또 있어.
기온이 오른다는 것은 공기에 이산화 탄소가 많다는 뜻이고,
이산화 탄소가 비에 녹아 산성비가 내린다는 뜻이기도 해.
그러면 플랑크톤의 껍질이나 조개, 산호가 녹아.
산호는 바다의 열대 우림이고 물고기들의 집이야.
지구의 기온이 올라간다는 것은 물고기들이 집을 잃는다는 뜻이지.
바다가 건강해야 참치회, 고등어조림, 갈치구이를 먹을 수 있어.
우리가 언제까지 이 바다 생물을 먹을 수 있을까?

**아마 이대로 가다가는
더 이상 생선을 먹을 수 없을 거야.**

그럼 어떻게 하지?

산성비 때문에
우리 몸이 녹고 있어.

우리 집이 사라진다.

명복을 빕니다.

미래가 문제야!

먹을 것이 사라진다는 이야기를 자꾸 하니까 무섭지?
기온이 오른다는 말을 자꾸 하니까 신경질 나지?
하지만 모두 사실이야.
지구의 기온이 오르는 이유를 알려 줄게.
기온은 공기의 온도를 이르는 말이야.
공기에는 공기를 따뜻하게 해 주는 기체가 있어.
이런 기체를 온실 기체라고 하지.

만약 온실 기체가 없다면 지구의 평균 기온은 영하 18도가 될 거야.
그러면 우리는 너무 추워서 살 수 없어.

**그런데 이 온실 기체가 너무 많아서 문제야.
특히 양이 많은 것은 이산화 탄소야.
지난 150년 동안 공기 중
이산화 탄소의 양이 너무 많아졌어.
왜 이렇게 많아졌을까?**

그건 석탄을 태워서 차와 기차를 움직이고,
석탄을 태워서 전기를 만들고,
석탄을 태워서 순수한 철과 금속을 얻기 때문이야.
석탄을 태우면 어마어마한 양의 이산화 탄소가 나오거든.

이산화 탄소가 뭘 어쨌길래 지구가 더워지는 걸까?
햇빛을 흡수한 땅과 바다는 데워져서 따뜻한 열을 뿜어내.
이산화 탄소나 메테인 같은 기체는 이 열을 아주 좋아해서 얼른 품어.
원래 이 열은 우주로 빠져나가지만
이산화 탄소와 메테인에게 잡히면 그대로 공기에 남아.
그래서 기온이 오르고 지구가 더워져.
당연히 온실 기체의 양이 늘면 잡히는 열이 더 많고 더 더워지겠지.
그래서 이산화 탄소를 줄이자고 하는 거야.

태양

열 못 나가게 잡자!

아이, 따뜻해!

지구를 데우자.

뜨뜻하니 좋다!

열 잡자.

지구

지구는 모든 곳이 똑같이 더워지지 않아.
불행하게도 북극과 남극이 가장 먼저 더워져.
원래 빙하는 계절에 따라 녹았다 얼기를 반복하지만
녹기만 하고 얼지는 않는 일이 벌어지고 있어.
이처럼 예전의 모습으로 돌아가지 않는 기상의 변화를
'기후 변화'라고 해.

북극과 남극의 빙하는 거대한 반사 거울이야.
태양에서 오는 빛을 우주로 반사시키는 거지.
만약에 북극 남극의 빙하가 줄면 북극 바다와 남극 대륙이
햇빛을 모두 흡수해서 지구는 훨씬 더워져.
그러면 얼음은 더 녹아.
그럼 해류가 멈추고 바다는 죽어.

기온을 내리는 방법은 간단해.

공기에 있는 이산화 탄소의 양을 줄이면 되는 거야.

그럼
어떻게 해야 할까?

이산화 탄소를 가장 잘 흡수하는 생물이 무엇일까?
아마존강 유역과 동남아시아 등 세계 곳곳에 있는 숲에서
식물이 광합성을 해.
바다 표면에 있는 식물성 플랑크톤도
어마어마한 양의 이산화 탄소를 흡수해.
빛이 들어오는 바다에 사는 거대한 해초도 이산화 탄소를 흡수해.

**그러니 땅에는 나무를 심고
바다를 오염시키지 않는 것이 좋아.
그러면 공기에 있는 이산화 탄소의 양은
저절로 줄어들 거야.**

이산화 탄소를 줄여 줘서 고마워.

**이렇게 식물이 광합성을 해도
인간이 계속 이산화 탄소를 뿌리면
소용없어.**

공장의 굴뚝에 이산화 탄소 잡는 장치를 달고,
쓰레기가 바다로 흘러드는 것을 막아야 해.

이산화 탄소를 모아서 땅에 묻자.

이산화 탄소를 배출하지 않는 방법으로 전기를 만들고 말이야.
그래서 태양 빛으로 전기를 만들고 바람으로 전기를 만들기도 해.
이런 걸 재생 에너지 또는 지속 가능 에너지라고 하지.

지속 가능 에너지

뭐 하고 있니?

바람으로 전기를 만들고 있어!

세계 곳곳에서 어른들이 온실 기체의 양을 줄이려고 노력하고 있어.
2050년까지 이산화 탄소를 배출하는 만큼 다시 거두어서
공기 중 온실 기체의 양이 더 이상 늘지 않도록 노력하자는 약속도 했지.
이산화 탄소, 메테인 같은 기체를 내놓지 않는 기업에게 투자하고,
온실 기체를 줄이는 데 도움이 되는 법을 만들고 있어.
법은 중요해!
사회가 더 나아지도록 서로 지켜야 할 약속이니까.
이런 법은 국회의원이 만들고, 국회의원은 선거로 뽑아.
그러니 투표를 잘해야 하지만,
안타깝게도 어린이들에겐 투표권이 없어.
그럼 어린이는 무엇을 할 수 있을까?

기후 변화를 막으려면
주변 어른들에게 투표를 잘하라고 잔소리를 해야 해.
뭘 알아야 잔소리를 할 것 아니야?
그러니 기후 변화에 대해 공부하는 게 중요해.
그리고 잘 먹고 운동하면서 건강한 어른이 되어야 해.
투표할 수 있는 날이 올 때까지.

지금 어른들은 어릴 때
기후 변화에 대해 배우지 않았어.
그래서 잘 몰라. 하지만 너희는 달라.
어릴 때부터 지구와 생명의 중요성,
기후 변화로 인한 위기를 배웠어.

**너희는 기후 변화에 대해 제대로 배우고
어른이 된 첫 세대가 될 거야.
그리고 세상을 바꿀 거야.**

숲과 바다를 살리고
굶는 사람이 없는 세상을 만들 수 있어.

자, 그럼 간식으로 팝콘이나 먹을까!

핵심만 뽑아 쉽게 풀어 쓴
기후 변화 사전

기후

한 지역에서 매년 반복해서 나타나는 대기의 상태를 기후라고 해요. 예를 들어 여름에는 장마가 오는데, 이때 대기의 상태는 습하고 더워요. 겨울이 와서 서리가 내리고 눈이 올 때는 건조하고 추워요. 24절기가 기후를 알려 주는 좋은 지표예요.

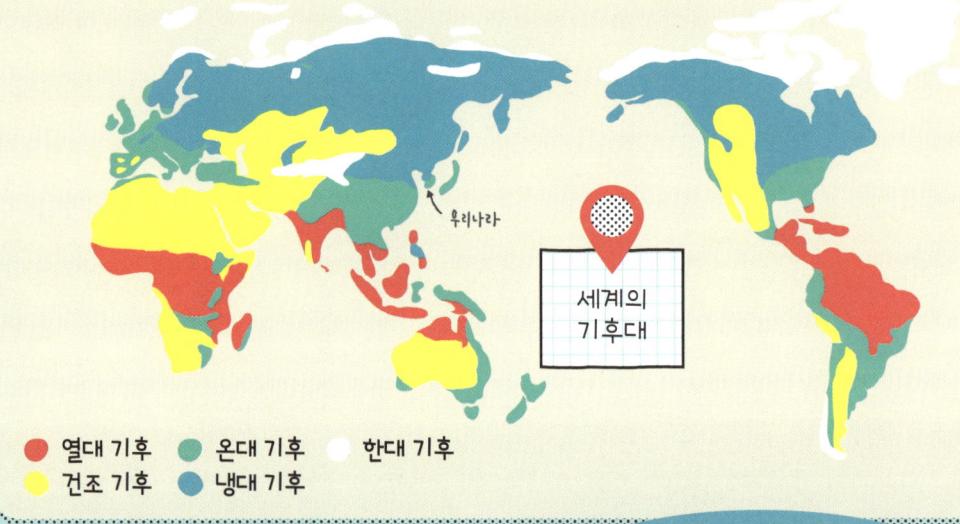

세계의 기후대

- 🔴 열대 기후
- 🟡 건조 기후
- 🟢 온대 기후
- 🔵 냉대 기후
- ⚪ 한대 기후

지구 온난화

지구 대기에 포함되어 있는 이산화 탄소 같은 온실 기체가 땅과 바다에서 나오는 열에너지를 흡수해 대기를 데우는 현상을 지구 온난화라고 해요.

온실 효과

지구뿐 아니라 금성이나 화성에도 대기가 있어요. 행성의 대기에 포함된 온실 기체가 지표면에서 나오는 열에너지를 흡수해 대기가 따뜻해지는 현상을 온실 효과라고 해요. 지구 온난화는 지구에서 일어나는 온실 효과인 셈이지요.

온실 기체(온실 가스)

지표나 수면이 내놓는 열에너지를 잘 흡수하는 기체를 이르는 말이에요. 지구에서는 이산화 탄소, 메테인, 아산화 질소, 수소불화탄소, 과불화탄소, 육불화황을 6대 온실 기체로 정하고 배출을 줄이려고 노력하고 있어요.

74.4% 이산화 탄소 **17.3%** 메테인 **6.2%** 아산화 질소 **2.1%** 수소불화탄소, 과불화탄소, 육불화황

온실 기체의 종류별 비중

기후 변동

기후는 원래 조금씩 변해요. 하지만 지구는 공기, 물, 땅, 얼음, 생물이 서로 영향을 주고받으며 늘 같은 온도를 유지하려고 애를 쓰지요. 이러는 가운데 기온은 오르기도 하고 내리기도 하지만 늘 평균값으로 돌아와요. 이처럼 제자리로 돌아오는 자연적인 기후의 움직임을 기후 변동이라고 해요.

기후 변화

기온이 평균값으로 돌아오지 않고 계속 오르거나 계속 낮아지는 현상을 이르는 말이에요. 예전으로 돌아갈 수 없다는 뜻으로, 이미 위기 상황임을 알려 주는 과학 용어예요. 기후 변화 상태가 되면 기후를 예측할 수 없어서 갑자기 큰 피해를 입을 수 있어요. 지구 생물에게 매우 위험한 현상이에요.

기후 위기

기후 변화로 인해 인류가 위험한 상황에 빠졌다는 점을 더욱 강조하기 위해 만든 용어예요. 기후 변화는 과학자들의 합의에 따라 나온 과학 용어이고, 기후 위기는 위기감을 더욱 강조하기 위해 만든 용어이나 아직 과학 교과서에 나오지는 않아요.

탄소 중립

석탄, 석유 등을 태우면 이산화 탄소가 나와요. 이처럼 이산화 탄소를 내뿜는 일을 최대한 줄이고, 이미 공기 중에 섞여 있는 이산화 탄소의 양은 나무를 심어 줄여서, 대기의 이산화 탄소 농도를 더 이상 높이지 않는 것을 탄소 중립이라고 해요. 이산화 탄소를 배출한 만큼 거둬들인다는 뜻으로, 넷 제로(Net-Zero)라고도 해요.

기후 변화 티핑 포인트

기후 변화가 너무 오래 지속되어 원래 평균 기온으로 돌아갈 수 없는 지점을 티핑 포인트라고 해요. 티핑 포인트를 넘어서면 더 이상 예전으로 돌아갈 수 없어요. 기온이 높아지면 계속 높아지기만 할뿐 다시 평균 기온으로 돌아갈 수 없다는 뜻이에요.

나도 얼음물이 필요해.

탄소 배출권

유럽에서는 공장에서 물건을 만들 때 이산화 탄소를 배출하는 양을 정부에 보고하고, 배출하는 만큼 돈을 내야 해요. 이를 탄소 배출권이라고 해요. 탄소 배출권이 비싸기 때문에 기업에서는 이산화 탄소를 배출하지 않는 방법으로 물건을 만들려고 애를 써요. 예를 들어 공장을 가동할 때 전기를 쓰는데, 이 전기를 태양 빛이나 바람으로 만들면 탄소가 거의 배출되지 않아요.

생태 발자국

인간이 지구에서 살아가기 위해 먹고, 자고, 물건을 만들고, 쓴 것을 치우는 데 드는 비용을 땅의 면적으로 바꾼 것을 생태 발자국이라고 해요. 지구인들이 지금처럼 자원을 사용하면 지구 하나로는 모자라고 서너 개 쯤 있어야 한다고 해요. 그러니 조금 아끼고 덜 쓰는 것이 좋겠어요.

1980년	1990년	2000년	2012년
2.3	3.6	5.1	5.7

우리나라 1인당 생태 발자국 (단위 : 글로벌헥타르 gha)

출처: WWF-korea, 한국 생태발자국 보고서 2016: 지구적 차원에서 바라본 한국의 현주소

기후 정의

기후 변화로 인한 피해는 모든 사람에게 똑같이 닥치는 것이 아니라, 가난하고 힘이 없는 사람들에게 먼저 돌아가요. 반면 돈과 권력이 있는 사람들은 기후 변화의 원인인 이산화 탄소 배출에 더 큰 책임이 있지만 피해를 거의 입지 않지요. 이런 사실을 잘 알고 가난하고 힘이 없는 사람들이 기후 변화로 인한 피해를 입지 않도록 사회 시스템을 잘 정비하고 배려하는 행위를 기후 정의라고 해요.

기후 행동

기후 변화가 지구를 위기 상황으로 몰아가는 중임을 사회에 알리고, 탄소 중립을 이루기 위해 다양한 활동을 하는 것을 기후 행동이라고 해요. 여러 사람이 모여 이산화 탄소 배출을 줄이기 위해 법을 만들어 달라는 요청을 하기도 하고, 이산화 탄소와 환경 오염 물질을 배출하는 기업에게 항의 편지를 보내기도 해요.

궁금증을 시원하게 풀어주는
기후 변화 Q&A

 **'기후 변화'와 '기후 위기' 중 뭐가 맞는 말이에요?**

기후 변화는 과학자들이 합의한 과학 전문 용어이고, 기후 위기는 기후 변화로 인한 위기를 더욱 강조하기 위해 만든 말이에요. 기후 위기는 현재 과학 용어가 아닙니다. 하지만 틀린 말이라고 할 수는 없어요. 기후 변화든 기후 위기든 상황에 맞게 잘 골라 쓰면 돼요.

 **봄과 가을이 사라지는 것 같아요. 이것도 기후 변화 때문인가요?**

기후 변화 탓일 가능성이 매우 큽니다. 봄과 가을이 짧아지는 것도 문제이지만 뜨거운 여름과 추운 겨울이 길어져 적응하지 못하는 생물이 많아지는 게 더 큰 문제예요. 생물의 다양성이 사라지니까요.
생물과 땅과 대기와 물과 얼음은 서로 영향을 주고받으며 적정한 상태를 유지합니다. 생물이 다양할수록 생물의 생존에 유리한 상태가 오래 지속되지요.

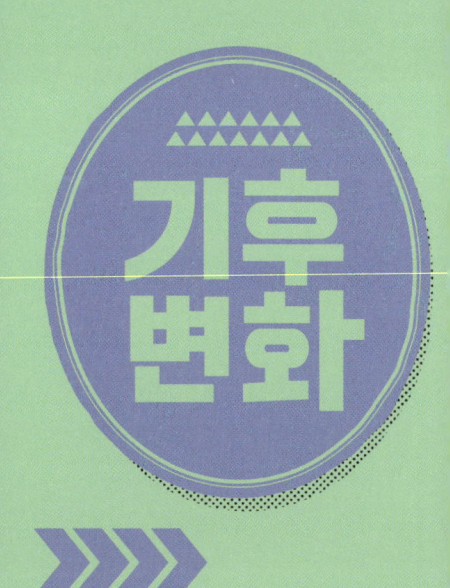

어떤 사람들은 기후 변화가 자연적인 거라고 해요. 정말인가요?

지구의 역사상 기후 변화는 대부분 자연 발생이었어요. 하지만 요즘 기후 변화는 자연적으로 생긴 것이 아니라 인간의 활동으로 온실 기체가 단시간에 많이 늘어서 생긴 것이에요.

이처럼 빠른 속도로 온실 기체의 농도가 높아지면 온도가 급격히 오릅니다. 그러면 급변하는 환경에 적응하지 못하는 생물이 생겨요. 인간도 예외일 수는 없습니다.

기후 변화는 이제 되돌릴 수 없는 건가요?

온실 기체 발생을 줄이기 위한 활동을 적극적으로 한다면 지구 상의 생물들이 살기 좋은 환경으로 되돌아갈 수 있습니다. 지구의 복원력은 아주 놀라워요.

그러니 선한 의지를 가지고 미래 세대를 위해서 탄소 중립을 위해 애써야겠지요. 탄소 중립을 실천할 법안을 만들고 이를 실천해 나간다면 지구는 생물이 살기 좋은 환경으로 돌아갈 거예요.

기후 변화로 먹거리가 사라지는 건 알겠어요. 이거 말고 다른 영향도 있나요?

태풍이나 허리케인이 더 커지고 이로 인해 피해를 입는 사람이 늘 수 있어요. 어느 곳에는 폭우가 오고 다른 곳에는 가뭄이 드는 양극화가 심해집니다.

우리나라는 이와 같은 자연 현상으로부터 비교적 안전한 지대에 있어요. 하지만 아주 잠시 안전할 뿐 기후 변화가 더 심해지면 우리나라도 피해를 입을 수밖에 없어요. 식수가 부족하고, 생활에 꼭 필요한 물건을 살 수 없는 날이 올 거예요. 그런 일이 벌어지지 않도록 기후 변화에 관심을 갖고 탄소 중립을 위해 활동해요.

먹거리로 본 기후 변화
식량이 문제야!

초판 1쇄 발행 2022년 11월 30일
초판 8쇄 발행 2025년 5월 28일

지은이 이지유
펴낸이 최순영

교양 학습 팀장 김솔미
키즈 디자인 팀장 이수현

펴낸곳 ㈜위즈덤하우스 출판등록 2000년 5월 23일 제13-1071호
주소 서울특별시 마포구 양화로 19 합정오피스빌딩 17층
전화 02) 2179-5600
홈페이지 www.wisdomhouse.co.kr 전자우편 kids@wisdomhouse.co.kr
ⓒ이지유, 2022.
ISBN 979-11-6812-518-6 73400

* 이 책의 전부 또는 일부 내용을 재사용하려면 반드시 사전에 저작권자와 ㈜위즈덤하우스의 동의를 받아야 합니다.
* 인쇄·제작 및 유통상의 파본 도서는 구입하신 서점에서 바꿔드립니다. * 책값은 뒤표지에 있습니다. * 이 책의 사용 연령은 8~13세입니다.